Ernst Woll

Was alten Leuten passieren kann
Gedichte und Kurzgeschichten

Herstellung und Verlag: BoD - Books on Demand, Norderstedt, ISBN 9783839109069

Titelbild: Erfreulicher Weise gibt es Hilfsmittel um die Beweglichkeit zu unterstützen.

Inhalt

Manchmal wird behauptet, dass alte Menschen wieder wie Kinder werden, das kann man nicht kritiklos hinnehmen. Zwar brauchen sie wegen beginnender Gebrechlichkeit Hilfe beim Ankleiden, der Körperpflege usw., aber ansonst haben sie in vielen Jahren Erfahrungen gesammelt, die Kinder noch nicht haben können. Allerdings sind einige Alte ungeduldig, direkt in ihren Umgangsformen, nehmen keine Lehren an und werden querköpfig, wie man das auch bei Kindern nicht selten findet. Die genannte Behauptung trifft also nur zum Teil zu. Wobei oft das „Kindwerden" dazu führt, dass alten Leuten einiges passiert, was von jungen Menschen nicht nur belächelt sondern oftmals sogar missbilligt oder gerügt wird. Die Reaktion der Alten: „Auch ihr werdet alt, dann werdet ihr Ähnliches erleben."

In Gedichten und Geschichten werden Situationen und Ereignisse dargestellt in denen alte Leute kurios oder ungewöhnlich handeln. Es ist aus dem Leben gegriffen und zeigt, dass die unterschiedlichen Generationen Wege für ein harmonisches Miteinander finden sollten. Es werden u. a. Beispiele beschrieben, wie die Alten mit Neuerungen in der elektronischen Welt fertig werden und sich gegen Betrügereien schützen müssen. Wenn das Kurzzeitgedächtnis nachlässt und man ständig nach verlegten Sachen sucht kann das lustig aber auch qualvoll sein. Die Angst, an Demenz zu erkranken spielt im Alter eine große Rolle.

Die Leser mögen entscheiden, ob sie sich in den beschriebenen Personen teilweise selbst wiederfinden.

Gedichte

Abnehmendes Kurzzeitgedächtnis

Mit Mitte 80 sind wir häufig jetzt verzagt,
wenn unser Kurzzeitgedächtnis auch versagt.
Wir belassen zwar alles am bekannten Platz;
doch steht oft die Frage: „Wo ist dies und wo ist
das?"

Man darf indessen in seinen alten Tagen
auch nur noch die Wahrheit sagen,
denn man weiß nach kurzer Zeit oft nicht,
wem hab ich Wahres oder Lügen aufgetischt?

Gar oft ich heimlich leise fluche,
wenn ich wieder einmal etwas suche,
denn heute raubt mir die meiste Zeit
meine sich verstärkende Vergesslichkeit.

Wir sind seit über 60 Jahren schon vermählt,
haben seither gern all die Stunden gezählt,
in denen wir in Harmonie und sehr bedacht
immer gemeinsam alles zuwege gebracht.

Jetzt ist aber eine Zeit gestartet,
in der jeder oftmals darauf wartet,
dass die Frage ertönt ganz spontan:
„Wo hast du dies oder jenes hingetan?"

Mit der Geduld ist es dann vorbei,
es beginnt eine hektische Sucherei,
bei der jeder jedem die Schuld nun gibt,
er hätte schusselig wieder etwas versiebt.

Oft erst nach mehreren Stunden
wird das Vermisste dann gefunden
und in der kleinen „Familienwelt"
ist häuslicher Friede wieder hergestellt.

Der verflixte Dialekt

Ein Ostthüringer vor Gericht:
Der alte Mann versteht den Richter nicht:
Der sagt ihm unverhohlen,
er habe Hosen gestohlen.
Das gibt er ja auch zu
aber was soll das ganze Getu´?

Die Frage kann er nicht verstehen,
er soll sagen wie Hosen aussehen?
Er ist aber ein gutmütiger Mann
und erklärt freimütig alsdann:
„Zwei hatten ein ganz weißes Fell
und drei waren am Rücken hell.“

„So sehen doch keine Hosen aus,
fehlt Ihnen Respekt vor diesem Haus?“
Schimpft der Richter ganz empört:
„Solchen Unsinn habe ich noch nie gehört!“
Eingeschüchtert antwortet der Delinquent,
dass er aber viele solche Hosen kennt.

Nach einem langem Hin und Her
wundert sich durchaus keiner mehr:
Im Dialekt Hasen Hosen heißen
und der Angeklagte konnte beweisen:
Die gemausten Hosen waren Hasen,
die man nicht anzieht, denn sie grasen.

Zum Schluss hat sich herausgestellt,
dass – wie so vieles auf der Welt –
die Anzeige ein Missverständnis war,
denn alles wurde nunmehr klar:
Im Dialekt heißen Hasen - „Hosen"
„Husen" nennt man die richtigen Hosen.

Ein alter Mann und der Automat

Was einst ein Automat
mir Schreckliches zu leide tat
gehört zu den heiklen Sachen,
die sind zum weinen und zum lachen.

Es war in der Bahnhofshalle,
die Menschen strebten alle
zum Zug, der bald abfahren sollte,
den auch ich gern erreichen wollte.

Ich dachte: „Mein Gott Walter."
Kein offener Fahrkartenschalter,
am Automat eine große Schlange,
mir wurde richtig angst und bange.

Ich begann alles zu hassen,
Automaten und Menschenmassen!
Das Gerät aber ließ sich nicht stören
und mir wollte niemand Vortritt gewähren.

Endlich war ich dran
und mein Martyrium begann.
Ich fand nicht meinen Zielort
und vertippte mich immerfort.

Hinter mir flüsterten die Leute:
„Verbieten müsste man es heute
und den Alten ganz deutlich sagen,
sich nicht an Automaten zu wagen."

Da war es aus mit meiner Geduld:
„Es ist doch nicht meine Schuld",
schrie ich die Wartenden hinter mir an:
„Wenn man Alten keinen Service bieten kann."

Es war schier zum Verzagen,
vom Zug sah ich noch den letzten Wagen.
Dem Automat war es geschickt gelungen,
er hat mich zur Nachsicht gezwungen.

Ich dachte an die Vergangenheit,
als sich unsere Geschwindigkeit
noch dem menschlichen Tun anpasste
und nicht Maschinentempo erfasste.

Trotzdem verzagte ich nicht.
Ich bekam ein lächelndes Gesicht,
war sogar zum Warten bereit.
Ich bin jetzt Rentner: Ich hab Zeit.

Missbrauchtes Vertrauen

Einige alte Leut´ sind auch heut´
über hilfsbereite Jüngere erfreut.
Gern lassen sie sich sogar beraten
beim Umgang mit Geldautomaten.
Die alte Frau, die Geld abheben wollte
wieder einmal sehr mit sich grollte:
Die Geheimzahl wusste sie nicht mehr
und in ihrem Kopf war es richtig leer.

Wo hatte sie die Zahl nur aufgeschrieben
und wo war dieser Zettel jetzt geblieben?
Sie sucht in der Handtasche verzagt,
bis ein freundlicher Mann neben ihr sagt:
„Meine Dame kann ich behilflich sein?
Ihnen fällt die Geheimzahl nicht ein,
geben sie mir ihre Tasche eben mal,
ich finde gewiss den Zettel mit der Zahl."

Hilfsbereitschaft hatte sie seit Jahren
nur ganz selten in dieser Weise erfahren.
Arglos gibt sie ihre Tasche dem Mann,
der sie gleich zu durchsuchen begann.
Geraten war sie an einen Profi ohnegleichen,
nach kurzer Zeit konnte der ihr überreichen
ihre geheimsten Sachen, die sie vermerkt,
weil sie sich ja kaum noch etwas merkt.

Plötzlich verschwunden war der Hilfsbereite,
mit Zugang zum Konto suchte er das Weite.
Ehe sie alles zu sperren in der Lage war
räumte er das Konto leer, ganz und gar.
Ihn zu fassen gelang auch deshalb nicht,
die Überwachungskamera zeigte kein Gesicht.
Die Lehre: Schenkt niemals Vertrauen
besonders Freundlichen und Schlauen!

Ein Malheur mit Rizinusöl

An der Theke
in der Apotheke
steht ein alter Mann und klagt,
dass sein Stuhlgang oft versagt.
Der Apotheker weiß Rat,
Rizinusöl hat er parat,
es ist das Mittel der Wahl
zu befreien von der Qual.

Eine Flasche der Arznei
bringt er schnell herbei,
ehe er es aber verhindern kann
wird sie ausgetrunken von dem Mann.
Der Fachmann ist entsetzt und sagt:
„Sie haben Schreckliches gewagt,
versuchen Sie schnell heimzukommen,
der Effekt wird dann bald kommen."

Die Zeit reicht jedoch nicht aus,
er schafft es nicht nach Haus
und das Malheur war riesengroß,
ungestüm ging alles in die Hos´!
Mancher meint: „Viel hilft viel."
Verfehlt damit jedoch sein Ziel:
Gefährlich sind für Alte und Laien
schnell stark wirkende Arzneien.

Mit Humor läuft im Alter alles besser

Unsere Urenkel sagten voller Mut:
„Schlecht sehen könnt ihr gut,
aber gut hören könnt ihr schlecht."
Sie sprachen aus, was echt und recht.

Hilfsmittel fürs Laufen, Sehen, Hören
heut´ zur Standartausrüstung gehören,
daraus entsprang bisher großer Segen,
wir können uns bis ins Alter gut bewegen.

Schlechtes Gedächtnis, das ist aber ärger,
das belastet den Lebensabend viel stärker,
wenn die Umgebung heimlich lacht,
weil man wieder Unsinniges hat gemacht.

Brille auf der Nase, auf dem Kopf die Mütze
und in der Hand zum Gehen die Stütze;
man sucht diese Dinge jedoch immerfort.
vergisst: Sie sind schon am richtigem Ort!

Sehr peinlich kann es aber auch sein
fällt der Name vom Gegenüber nicht ein.
Man denkt: Wilhelm, Friedrich, Franz.
Es ist jedoch der alte Bekannte Hans.

Nimm´s mit Humor, wenn dir geht etwas schief,
im Leben gibt es immer ein Hoch und ein Tief.
So war im Parkhaus mein Auto verschwunden,
in der tieferen Etage habe ich es wieder gefunden.

Alte Menschen sind oft richtig froh,
wenn sie wissen, wo ist das nächste Klo.
Jüngere sollten vom Örtchen weichen,
wenn es die Alten gerade noch erreichen.

Und die Moral von dem Gedicht:
„Ihr Jüngeren vergesst es nicht,
akzeptiert unsere vielen Altersschwächen,
sonst könnt´ sich das in eurem Alter rächen!“

Tiefgründige Erinnerungen

Heute verbringe ich viel Zeit
mit Gedanken an die Vergangenheit;
ich hab in 85 Lebensjahren
Heiteres und Trauriges erfahren,
will jedoch aus meinem Leben
Erlebnisse wiedergeben,
die mich immerzu begleiten
in freudigen Begebenheiten.

So denke ich sehr gern daran
wie meine Schulzeit einst begann
und mein Großvater sagte mir:
„Ich empfehle, überleg es dir,
mit der Zuckertüte in den Händen
kannst du nichts mehr wenden,
du wirst bestochen mit vielem Süßen,
Freizeit, Freiheit lassen dann nur grüßen."

Unsere Urenkel kamen zur Schule jetzt,
ich erzählte die Geschichte, dachte, die fetzt,
wurde aber enttäuscht im großen Maß;
die ersten Schuljahre sind doch ein Spaß.
Im Klassenraum sich Sofas befinden
zum Ausruhen, wenn Kinder es stressig empfinden.
Die Zuckertüte spielt keine große Rolle mehr,
ein Handy, ein Smartphon, das muss schon her.

Darmwinde können peinlich sein

Wenn plötzlich im Darm Winde entstehen,
kann man nicht immer zur Toilette gehen;
wenn sie mit „Duft und Krach" entweichen.
lassen sie dich in Menschennähe erbleichen.

Mit einem besonders schlauen Trick
blickt man dann um sich mit Geschick
und sagt zum Nachbarn ungeniert:
„Das ist mir auch schon oft passiert!"

Winde im Bauch oft Schmerzen bereiten,
denn zurück gehalten lassen sie dich leiden,
drum sucht man dann die Einsamkeit,
um sich zu befreien von diesem Leid.

Doch wähnt man sich auch oft allein,
beginnt sich zu entlasten von der Pein;
dann häufig unbeachtet, still und leise
stören unliebsame Fremde unsre Kreise.

Allein im Zugabteil eine alte Frau
glaubt, sie macht es besonders schlau,
wenn sie aus dem Fenster blickt
und ihre Winde in das Abteil schickt.

„Eine Wohltat" sagt sie jedes Mal,
wenn entweicht ein Wind der Qual.
Da wirft sie einen Blick zurück
und entdeckt ihr Missgeschick.

Ein junger Mann ist still hinzu gekommen.
„Seit wann haben Sie hier Platz genommen?"
fragt die Dame und schämt sich sehr.
„Seit der ersten Wohltat", antwortet er.

Hund verschlingt Zahnprothese

Gut sitzende Zahnprothesen,
eine scharfe Brille zum Lesen
sind im Alter unentbehrlich,
ihr Verlust oft recht gefährlich.

Wenn das Gedächtnis schwindet
und man meist nichts mehr findet,
ist es für Betroffene dann fatal
und das Suchen wird zur Qual.

Die Prothese fiel nach unten
und niemand hatte sie gefunden.
Man wollte das Suchen beenden,
da tat sich unerwartet alles wenden.

Der Hund, bekannt für seine Gier,
war auch beim Suchen hier;
der Verdacht lag sofort nah,
dass er als Erster die Prothese sah.

Plötzlich war damit gewiss,
dass von der Frau das teure Gebiss,
das entfernt aus ihrem Mund,
verschlungen ward von ihrem Hund.

In des Tieres Ausscheidungen
war nach Tagen es gelungen
zu finden das Teil, das Wichtige,
es kam wieder an die Stelle, die Richtige.

Einnahme von Arzneien

Bei einem älteren Ehepaar,
das stark sehbehindert war,
kam es beim Arzneieinnehmen
hin und wieder zu Problemen.

Mit dem Beipackzettel, oh Graus,
kannten sie sich oft gar nicht aus.
Vielfach verhinderte die kleine Schrift
zu lesen, was die Anwendung betrifft.

Hinzu kam mehrmals am Tage
die immer sehr kritische Frage:
Habe ich schon alle meine Arzneien
eingenommen, wie es richtig soll sein?

Einst hat die Frau Tropfen geschluckt,
erst dann auf die Anweisung geguckt,
dort stand: Vorm Einnehmen schütteln,
nun ließ sich daran nichts mehr rütteln.

Sie rief den Gatten ganz bestürzt,
der kam auch sofort herbeigestürzt.
Sagt: „Es ist vielleicht nicht schicklich
aber ich schüttle dich nun augenblicklich.

Eventuell kann das nachträglich nützen
im Körper das Mischen zu unterstützen."
Arzneifirmen ist daher zu empfehlen,
verständliche Angaben zu wählen.

Ein alter Fahrradfahrer

Vor mehr als 60 Jahren
war das Fahrradfahren
für große und kleine Leute
viel beschwerlicher als heute.

Eine funktionierende Klingel
gehörte für kleine Schlingel
zu den wichtigsten Dingen,
sollte eine gute Fahrt gelingen.

Unbedingt brauchte man aber auch
einen dichten Fahrradschlauch;
dieser zeigte sich oft voller Tücken,
denn man musste ihn häufig flicken.

Einen Berg zu bezwingen
konnte oft nur schwer gelingen;
ohne Gänge, nur mit Muskelkraft,
hat man Gewaltiges dann geschafft.

Ich weiß es auch noch ganz genau,
viele Fahrräder waren Eigenbau.
Bis zusammengetragen alle Teile
dauerte es oft eine ganze Weile.

Viel Geschick war zu entwickeln,
um zu fahren mit diesen Vehikeln,
deren Lenker, Räder und Rahmen
sehr oft von der Müllkippe kamen.

Kummer hat uns damals gemacht
die sowjetische Besatzungsmacht,
denn oft plötzlich und ohne Zweck
nahmen Soldaten uns die Räder weg.

Sie fielen damit um, sehr häufig,
Radfahren war ihnen nicht geläufig,
denn um zu lernen das Balancieren
darf die Geduld man nicht verlieren.

Als man dann verdiente mehr Geld
eroberte schnell das Auto die Welt,
es schmeckte darum nicht mehr jeden
immer nur in die Pedalen zu treten.

Dabei wurden aber Viele korpulent,
heute deshalb mancher täglich rennt;
andere das Fahrrad neu entdecken,
um zu bewältigen lange Strecken.

Um herunter mit den Pfunden
dreht man viele Fahrradrunden,
mit Rädern, die modern und teuer
und Geschwindigkeit, die oft ungeheuer.

Hätten wir einst Räder besessen
mit den derzeitigen Raffinessen,
dann hätte uns aber der Rücktritt gefehlt,
der für mich zu dem Wichtigsten zählt.

Das sollten aber auch Politiker wissen,
bei denen wir oft einen Rücktritt vermissen.
Sie sind im ganzen Land
auch als „Radfahrer" bekannt.

Alte Leute und die Chipkarte

Mit der Chipkarte zu bezahlen
bereitet alten Leuten oft Qualen,
weil so mancher bisher fand,
sicherer ist Bargeld in der Hand.
Auf der Karte ist nicht sofort zu sehen
welche Beträge hin und her nun gehen;
erst später auf dem Kontoauszug
erfährt man vom denkbaren Betrug.

Weil Kinder eines alten Mannes meinen,
er hätte Probleme mit seinen Geldscheinen,
sollte er sich mit Chipkarten befassen
und sich alles verständlich erklären lassen.
Bei seinem bekannten schlechtem Sehen
würden dann weniger Irrtümer entstehen.
Bei diesem bargeldlosen Zahlungsverkehr
ging aber bei diesem Manne einiges verquer.

Großes Entsetzen entstand bei den Jungen,
denn denen ist es nie und nimmer gelungen
den vergesslichen alten Mann zu bewegen,
die Karte an bekannte sichere Stellen zu legen.
So mussten sie bei fast allen Besuchen
mühevoll, gemeinsam die Chipkarte suchen.
Einige Male hat man sie sogar erst nach Stunden
im Automat, der sie einzog, wiedergefunden.

Schlimmes geschah mit der Pin-Nummer.
Es bereitet immer wieder großen Kummer,
dass der Senior sie vergaß und dann so aufschrieb,
dass sie auch Unbefugten kenntlich blieb.
Doch eines man anfangs gar nicht verstand
als man Unmengen an Kontoauszügen fand,
der alte Mann wollte jedoch jeden Tag aufklären,
ob eventuell falsche Abbuchungen getätigt wären.

Doch dann merkten die Kinder sogar,
dass der Vater am Beginn einer Demenz war.
Sie verständigten sich mit ihm im Guten,
wollten ihm nun nichts Neues mehr zumuten.
Er bezahlte wenn nötig, mit richtigem Geld,
wie er es gewohnt war, seit er auf dieser Welt.
Und das Fazit aus der Chipkartenstory ist:
Benutze sie nicht, wenn du verunsichert bist.

Ein Altenheim muss stimmig sein

Oma wird zum Ausflug eingeladen,
sie riecht jedoch sofort den Braten,
man wollte ihr wie einem Kind
zeigen, wie schön doch Heime sind.
Dennoch fährt sie mit auch willig,
denkt aber für sich: So billig
bekommt ihr mich nicht weg
und imitiert gleich einen Schreck.

„Wo bleibt im Heim die Freude?
Man sieht überall nur alte Leute, "
meint Oma, als man sie nun fragt
ob ihr diese Umgebung wohl behagt:
„Jugend muss unbedingt hierher,
dann wehrt sich etwa keiner mehr
ins Heim abgeschoben zu werden,
als die letzte Station auf Erden.

Zeigt mir was, wo Jung und Alt
in einem gemeinsamen Aufenthalt
zusammen wohnen und leben,
sich einander Unterstützung geben.
Ich denk, so sagt Oma weiter nun,
müsste man etwas dagegen tun,
dass sich Generationen streiten,
die einen die anderen beneiden."

Nun mussten die Kinder bekennen,
der Oma das Heim auch nennen,
das sie für sie schon ausgesucht
wo der Aufenthalt bereits gebucht.
Darüber, das merkten sie jetzt,
war die Seniorin ganz entsetzt.
Heimaufenthalt nach freien Stücken
kann nur in Gemeinsamkeit glücken.

Trotzdem war diese Oma sehr einsichtig,
reduzierte ihre Habseligkeiten tüchtig,
konnte ihre Abneigungen besiegen,
ließ sich als Alte jedoch nicht unterkriegen.
Ging deshalb in ein Heim, das ihr passte;
wo sie, noch rüstig, häufig mit anfasste,
wo sie sehr schnell sich eingewöhnte
und sich mit ihrem Schicksal versöhnte.

Es kam, wie es so kommen muss:
Hin und wieder gab es auch Verdruss.
Die jungen Heimangestellten lachten,
wenn Heiminsassen Dummes machten.
Sie brachten kein Verständnis dafür auf:
Alte sind oft nicht mehr so gut drauf.
Dann zeigte sich die Konfrontation
zwischen alter und junger Generation.

Abschiebung - einmal anders

Beim mit warmen Händen geben
kann man Freude selbst mit erleben;
das ist besser als nach dem Sterben,
wenn man nicht dabei sein kann beim Vererben.
So dachte sich ein alter betuchter Mann,
der deshalb alles zu verschenken begann.

Da ging die Ehe des Sohnes entzwei
und mit der Altersfreude war es vorbei,
eine neue Schwiegertochter kam,
die selbst in Regie jetzt alles nahm;
aus dem schon überschriebenem Haus
sollte der Alte nun ganz schnell hinaus.

Da war er im Leben schon immer schlau,
nun wollte ihn überlisteten diese Frau.
Der Schenkungsvertrag ihm ja bot
absolutes Wohnrecht bis zum Tod,
deshalb hat der Senior darüber sinniert,
wie er gegen geplanten Rauswurf pariert.

Er bot an, umzuziehen in ein Altenheim,
das er sich sucht selbstständig, geheim.
In einem Vertrag wollte er festgelegt wissen,
dass Sohn und Frau aufkommen müssen
für alle Kosten, die dort laufend entstehen
und über das von ihm zu Erbringende gehen.

Als der Vater das bestimmte Heim ihnen zeigte,
sich der Zeiger in andere Richtung neigte.
Die jungen Leute rechneten hin und her,
von Abschiebung war keine Rede mehr,
denn sie mussten sich doch gestehen,
Heimunterbringung würde so nicht gehen.

Entscheidungen bestimmten auf der Welt
letztlich auch wieder einmal das Geld,
denn die Rente des Seniors war außerdem
für Hausreparaturen immer ganz angenehm.
Diese Geschichte, die tausendfach bekannt,
ist mentalitätsbedingt im deutschen Land.

Generationsprobleme

Wenn Alte mit ihrer Erfahrung posieren,
Junge dann aber ihre Stärke positionieren,
können sehr schnell Konflikte entstehen
und beide sich aus dem Wege dann gehen.
Wenn Alte und Junge ihren Egoismus ablegen
können sie eine gute Zusammenarbeit pflegen

Konsequenz bei Inkontinenz

Menschen, die weit entfernt vom Lebenslenz
leiden manchmal an Stuhl- und Blaseninkontinenz,
weil diese sich dadurch oft ausgegrenzt sehen
müssen Wege gefunden werden, damit umzugehen.
Diese Krankheit war jedoch immerzu
für die Betroffenen ein großes Tabu,
dieses zu brechen sollte vorrangig sein,
dann stellt sich verbesserte Lebensqualität ein.
Sollten „Inkontinenzler" zufällig gelangen
an sehr lange Toilettenwarteschlagen
muss man ihnen den Vortritt geben,
um keine Katastrophe zu erleben.
Beim Hilfsmittelkauf ungeniert Produkte nennen
sollte der Kranke auch vor Leuten, die ihn kennen.

Kleiderschrank aus dem es stank

Ein fürchterlicher Gestank
kam aus dem Kleiderschrank.
X- mal wurde er aus- und eingeräumt;
innen mit Seife gereinigt, die schäumt,
dann mit Parfüm alles bespritzt,
doch es hat gar nichts genützt.

Nach Wochen erinnert sich der Mann
woran der Gestank wohl liegen kann:
Beim Einkauf hatte er sich betrunken,
dabei Käse, der schon leicht gestunken
in die Jackentasche gut verfracht´
und reinweg nimmer daran gedacht.

Schnell wurde das Jackett gefunden
und als nicht mehr tragbar befunden,
nach dessen Vernichtung, na klar,
dass dann auch der Gestank weg war!
Etwas alt war zwar schon der Mann,
aber vergesslich auch ein Junger sein kann.

Alzheimer - Krankheit

In der Regel beginnt Demenz
nicht schon im Lebenslenz,
doch befällt sie oft die Alten,
die sich häufig krank schon halten
wenn die Vergesslichkeit beginnt
und mancher von ihnen denkt, er spinnt.
Diese Angst ist jedoch noch unbegründet
bis man sichere Anhaltspunkte findet
und ein Psychologe bestätigen kann,
Alzheimer- Krankheit fängt wirklich an.
Weil das aber meist schleichend startet
wird zu lange mit Arztbesuchen gewartet.

Wie sollte man sich gegenüber Alten verhalten,
die sich permanent für Alzheimerkrank halten?
Sie erkennen, dass sie komische Sachen machen
und ärgern sich, wenn andere darüber lachen.
Mit ihnen sollte man darum normal umgehen,
nicht widersprechen, versuchen, sie zu verstehen.
Selbst wenn Alte manch Neues nicht erfassen
muss man sie selbstständig handeln lassen;
erst wenn Demenz eindeutig diagnostiziert
wird der nötige Umgangskatalog eingeführt,
in dem aber auch vordergründig stehen muss:
Freundliche Pfleg und diese ohne Verdruss.
Wichtig, dass man heute zu begreifen beginnt,
viele Krankheitsursachen sind seelisch bedingt.

Auch das passiert

Eine alte Frau zog eine Jeanshose an,
auslachen tat sie deshalb ihr Mann.
„Warum willst du wie ein Teenager aussehen?
Damit kannst du doch nicht auf die Straße gehen."

Sie war empört, konterte augenblicklich:
„Findest Du es eigentlich auch schicklich,
wenn du mit kurzen Hosen und nackten Beinen
als sportlicher Jugendlicher willst erscheinen?"

Auch in der Mode bleibt deshalb immer wichtig:
Altersgerecht kleiden, das ist allzeit richtig!

Kurzgeschichten

Betrügereien früher und heute

Ältere Menschen sagen oft: „Früher war es schöner und besser, da ging man ehrlicher miteinander um." Stimmt das wirklich oder gab es nicht schon immer Betrügereien? Wer darf sich im Übrigen „alt" nennen und welche Zeit meinen wir, wenn wir von „früher" sprechen? Als heute über Achtzigjähriger fühle ich mich als Alter und als früher bezeichne ich meine Kindheit und Jugend in den 1930er und 1940er Jahren. Wenn ich deshalb heute durch die Medien erfahre, dass viele alte Menschen mit allerlei Tricks in ihren Wohnungen bestohlen werden, erinnere ich mich an eine Geschichte, die mir damals meine Großmutter aus ihrer Jugendzeit erzählte. Das war also in der zweiten Hälfte des vorvorigen Jahrhunderts.

Meine Oma lebte mit ihren Eltern und Geschwistern in einem abgelegenen Bauerngehöft. Die alten Omas bereiteten meistens während der Erntezeit allein zu Haus das Essen, während alle anderen auf Wiesen oder Feldern arbeiteten. Sie erzählte, dass man in jener Zeit sehr vertrauensselig war und gern weit gereiste Menschen empfing. Ein Handwerksbursche kam in den Bauernhof, nahm in der Küche Platz und bat um ein kühles Glas Wasser, dass die alte Frau vom Brunnen im Garten holte. Als sie zurück kam wollte sie natürlich wissen, was es in der Welt Neues gibt. Er erzählte: „Ach, die Welt wird immer gefährlicher, denn der `Gigack` hat die ganze Ranzenburg eingenommen."

Von diesen Namen und über diese Burg hatte sie allerdings noch nie etwas gehört; woher sollte sie auch, es gab kein Radio, keine Zeitung. Plötzlich hatte es der Mann recht eilig, weil er meinte, dass er sich vor den Soldatenwerbern in Sicherheit bringen müsse. Das leuchtete ein, denn alle jungen Männer liefen damals Gefahr, unfreiwillig Soldat werden zu müssen.

Als der Bursche weg war schaute die Frau in den Ofen, wo sie den vorbereiteten Gänsebraten noch bräunen wollte. Jetzt merkte sie, dass sie einem Betrüger auf den Leim gegangen war. Mit der „Gigack" war der Gänsebraten gemeint, den der Bursche in seinen Ranzen, der „Ranzenburg", verstaut hatte. Er hatte das Weite gesucht und die Gastfreundschaft arg missbraucht.

Bis heute bleibt es dabei, besonders gefährdet sind gutgläubige ältere Menschen. In diesem Zusammenhang erschütterte uns in unserer Familie in den 1990er Jahren ein Ereignis, das meine damals neunzigjährige durchaus geistig mobile Schwiegermutter um 2000.- DM brachte. Sie hatte wie gewohnt auf der Sparkasse eine größere Summe Geld abgeholt und wie in der DDR üblich, bedenkenlos allein nach Hause gebracht. Sie legte einen Briefumschlag mit der erwähnten Summe zunächst auf den Küchenschrank und zog Mantel und Schuhe aus. In diesem Moment klopfte es an die Tür und eine Frau in mittleren Jahren kam herein. Sie überfiel meine Schwiegermutter mit einem Redeschwall, den ich sinngemäß wie folgt wiedergeben kann: „Muttchen, kennst du mich noch? Ich war doch bei euch in der Landwirtschaft und im Geschäft im Pflichtjahr. Du warst immer so gut zu uns." Zögernd erwiderte meine Schwiegermutter, dass sie sich zwar nicht erinnere, aber Menschen würden sich ja im Laufe der Jahre verändern. Plötzlich zog die Eingedrungene die Decke vom Tisch, warf sie der Ahnungslosen über den Kopf und machte sie damit wehrlos. Als die Hilflose sich befreit hatte und rufen konnte war die Diebin mit dem Geld im Kuvert bereits spurlos verschwunden. Die herbeigerufene Polizei konnte den Fall nie aufklären, weil auch bei der Befragung in der Nachbarschaft nur wenig und ungenaues herauskam. Mehr als der Geldverlust schmerzte auch uns der tiefe Schock, den meine Schwiegermutter erlitten hatte und den sie bis zu ihrem Tod als Fünfundneunzigjährige nie ganz überwand.

Noch heute ärgere ich mich, dass ich als 75jähriger bei einer Zeitschriftenbestellung auf den Trick einer jungen Werberin hereinfiel, die zunächst meine Meinung zu kriminellen Jugendlichen erfragte und dann vorgab, selbst gestrauchelt zu sein. Ihr Mitleid heischendes Verlangen um Hilfe für diese Menschen klopfte mich weich und ich bestellte. Alle ihre Worte waren gelogen.

Heutzutage sind so genannte Drückerkolonnen unterwegs, die in Wohngebieten ausschwärmen, um mit vielen unlauteren Methoden oft nur Ramsch zu verkaufen. Diese „Drücker" werden von ihren Auftraggebern sehr stark unter Druck gesetzt und wenden auch viel Druck bei den Kunden, besonders bei alten Menschen, an. Ich erlebte, dass Verträge zu Internetanschlüssen an alte Menschen, die keinen PC besaßen und vieles mehr verkauft wurden.

Verhängnisvolle Unterschrift

Die heute über 80jährigen waren die Nachkriegsgeneration, die lernten aus der Not heraus zusammenzuhalten und sich gegenseitig zu unterstützen. Auch Nachbarschaftskontakte wurden gepflegt. Die meisten behielten das bei. So verwundert es nicht, dass sie häufig in Häusern mit mehreren Wohnungen Ansprechpartner für Postboten bei der Annahme von Paketen für Mitbewohner sind. Eine Zustellerin wusste deshalb wo sie klingeln konnte, wenn der Empfänger nicht anzutreffen war. Es war eine 82jährige Frau, die immer gern Hilfeleistungen erbrachte.

Von einer jungen Familie war niemand zu Hause als ein Paket ankam und die alte Frau nahm es in Empfang. Warum sie aber mit den Namen Meier unterschrieb und die Entgegennahme quittierte, obwohl sie ganz anders hieß und auch niemand mit diesen Namen kannte, wusste sie später als polizeiliche Ermittlungen erfolgten, nicht zu erklären. Auch die Botin kontrolliert die Unterschrift nicht, sie kannte ja diese Frau. Die Hilfsbereite wunderte sich, dass das Paket nicht abgeholt wurde, obwohl sie selbst gesehen hatte, dass eine Benachrichtigung in den Briefkasten gesteckt worden war. Dieser quoll aber inzwischen fast über und von der jungen Familie war seit mehr als 10 Tagen niemand mehr zu sehen. Folgerichtig vermutete sie, dass die jungen Leute im Urlaub seien und wartete ab. Unterhaltungen mit diesen Mietern hatte es ja bisher kaum gegeben und so war auch ihr nichts Näheres über diese Menschen bekannt. Auch andere Mitbewohner wussten nichts.

Da standen vor der Wohnungstür dieser hilfsbereiten Frau plötzlich 2 Polizisten in Uniform, wie sie durch den Spion ihrer Tür unschwer erkennen konnte. Sie öffnet, ließ sich aber, durch viele Fernsehberichte misstrauisch geworden, auch erst die Dienstausweise zeigen, bevor sie die Beamten einließ. Sie baten sie höflich, ihren Personalausweis zu zeigen, den sie ängstlich geworden hervorholte und fragte: "Liegt was gegen mich vor? Ich wüsste nicht, etwas Unrechtes getan zu haben." Aber die Gesetzeshüter ließen sie noch im Unklaren und begannen, sie auszufragen, wobei sie sehr aufgeregt und ängstlich antwortete, sie fragten als erstes: „Ihr richtiger Name ist also der, wie er an ihrer Wohnungstür steht und nicht Meier?" Da dämmerte es plötzlich bei ihr, sie hatte auf dem elektronischen Ding, auf dem die Postboten sich immer den Paketempfang per Unterschrift bestätigen lassen, ungewollt wie in einer Betäubung mit Meier unterschrieben. Das gestand sie jetzt und sagte: „Als ich das gemerkt hatte war die Briefträgerin fort und als ich es meinen Kindern und Enkeln erzählte, wurde sehr gelacht. Alle meinten aber, das wäre keine Straftat und ich sollte mir keine Sorgen machen.

Hier liegt seit nunmehr über 10 Tagen noch das Paket, das ich endlich los werden will. Aber vielleicht kann ich es ihnen nun übergeben, wenn sie mir die Übernahme mit richtiger Unterschrift bestätigen."

Auf den Gesichtern der Polizisten zeichnete sich ein Lächeln ab, sie merkten, hier hatten sie es mit keiner Betrügerin zu tun. Sie übernahem das ominöse Paket mit echter Quittung beruhigten die alte Frau und meinten: „Sie hätte sich zwar einer Täuschung schuldig gemacht aber darin wäre offensichtlich keine Absicht zu erkennen. Eine Strafverfolgung wäre sehr unwahrscheinlich, zumal keine Anzeige vorliege."

Sehr gern hätte die Frau gewusst, was es mit dieser Postsendung und dem Verschwinden der jungen Leute auf sich haben würde aber die Beamten sagten immer wieder: „Bei laufenden Ermittlungen dürfen wir nichts sagen, liebe Frau." Also all ihr „Löchern" prallte ab.

Nach einigen Tagen erfuhr sie aus der Zeitung, dass ein Drogendealerring aufgeflogen war. Nach den geschilderten Umständen war bestimmt das junge Paar, das nicht mehr in die verlassene Wohnung zurück kam, verwickelt. Die alte rechtschaffene Frau machte sich ob ihrer gedankenlosen Handlung richtige Sorgen, dass sie vielleicht mehrere Tage ein Paket mit Drogen in ihrer Wohnung und Ermittlungen der Polizei erschwert hatte.

Gesund gelebt und gegessen?

„Was alten Leuten passieren kann?" Diese Frage könnte auch so interpretiert werden: „Sie wurden 80 und älter, obwohl sie nicht immer gesund gelebt und gegessen haben." Ich bin neben vielen Menschen, die ich kenne, ein solcher Fall und will hierzu meine Erlebnisse darstellen.

Bei vielen Gesprächen zur richtigen Ernährung und Lebensweise höre ich sehr oft: „Ich oder der und die oder jener und jene haben doch nur gesund gelebt und gegessen und trotzdem „schlug der Krebs zu" oder trat diese und jene schwere Krankheit auf; oder sie starben früh, das hieß früher jünger als 70 und heute jünger als 80 Jahre. Viele Probleme mit den unterschiedlichsten Meinungen gibt es aber dann zur Frage: Was bedeutet gesund leben und essen? Schon daran ist zu erkennen, dass es nicht allein Lebens- oder Ernährungsart sind, die uns der Gefahr aussetzen, schwer zu erkranken oder jung zu sterben.

Ich habe mich in meinem Leben nicht immer nur nach den jeweils empfohlenen Regeln der gesunden Ernährung oder Lebensweise gerichtet. Vielfach ließen das auch die Zeitumstände oder Lebensverhältnisse gar nicht zu. Rückblickend stelle ich außerdem fest, diesbezügliche Empfehlungen veränderten sich häufig und machten manchmal sogar Drehungen um 180 Grad! Man würde mich völlig missverstehen, wenn ich mich in die Schar derer einreihen wollte, die heute die Bücher- und Zeitschrifteninhalte mit ihren Empfehlungen zu diesen Themen reichhaltig bepflastern. Ich will in der Kurzgeschichte einige auch lustige Episoden beschreiben.

Im Alter von einem Jahr lernte ich laufen. Hierzu erzählten mir später Eltern und Großeltern, dass mir dabei eine Bratwurst – so heißt sie in Ostthüringen, aber im übrigen Deutschland nennt man sie Knackwurst – wesentlich half. Mir soll schon als Kleinkind diese Wurst besser geschmeckt haben als Milch und ich sei immer darauf ausgewesen, herzhaft ein Stück abzubeißen. Ich kroch damals gern auf dem Fußboden und wenn man die Bratwurst vor mich hinhielt, habe ich danach gegriffen, musste mich zwangsläufig aufrichten und der Beute nachlaufen. Meinen Erziehern habe ich später Vorwürfe gemacht, dass sie mich mit der vorgehaltenen Wurst wie einen Hund dressierten! Trotzdem esse ich bis heute sehr gern Bratwurst aus der Hausschlachtung, wie ich sie schon als Kleinkind liebte.

Ab Beginn des 2. Weltkrieges wurden Lebensmittel rationiert und Lebensmittelkarten eingeführt. Wir in der Landwirtschaft konnten uns aber immer satt essen und hatten auch durch die Hausschlachtung und die „Eigenherstellung von Butter" genügend fett- und kalorienreiche Nahrung. Ich muss heute aber gestehen, dass ich mich damals als Kind trotz der „Notzeit" - nach Meinung heutiger Wissenschaftler - ungesund ernährte. Allerdings wurde ich durch Sport und viel Bewegung, durch die Arbeit in der Landwirtschaft als Kind und Jugendlicher nicht zu beleibt.

Vielleicht war das auch dem geschuldet, dass wir damals mit Süßem, Bonbons und Schokolade nicht verwöhnt wurden; diese Produkte konnten wir auch nur auf Marken im Kolonialwarengeschäft kaufen. Unser Zuckerbedarf wurde durch den Zuckerrübensirup, den wir selbst herstellten, weitgehend gedeckt. Wir bauten selbst keine solchen Rüben an, deshalb habe auch ich wie viele andere auf den Feldern des Rittergutes Zuckerrüben „gestoppelt". Im Waschkessel wurden diese unter unheimlich langem, intensivem und beschwerlichem Rühren gekocht und der bekannte schwarze Brotaufstrich entstand. Dieses Produkt kann ich bis heute nicht mehr riechen, geschweige denn essen.

Wahrscheinlich haben aber meine Eltern in gewisser Hinsicht damals auch für Gesundheit gesorgt, denn ich musste täglich unter Aufsicht Lebertransaft schlucken. Ohne Muss und Kontrolle hätte ich das widerlich schmeckende Zeug, das ich noch heute ekelig auf der Zunge spüre, heimlich entsorgt. Mit der hochtrabenden Bemerkung: „Das verhindert Skorbut", konnte ich als Kind ohnehin nichts anfangen.

In der Nachkriegszeit wurde bekanntlich die Lebensmittelversorgungslage immer schlechter, weil die Lieferungen aus den ehemals besetzten Gebieten wegfielen und viele Aussiedler oder Flüchtlinge (durften wir in der DDR nicht öffentlich sagen) als zusätzliche Esser ins kleinere Deutschland kamen. In dieser Zeit studierte ich dann in Leipzig und wir Studenten vom Lande waren unseren städtischen Kommilitonen hin und wieder Unterstützer in der Lebensmittelversorgung. Ich entsinne mich, dass wir im engeren Kreise meiner Mitstudenten einigermaßen gut mit Brot und Kartoffeln versorgt waren. Knappheit herrschte aber auch bei Brotaufstrich. Ich wohnte zusammen mit einem Kommilitonen, der Umsiedler war und aus der Stadt kam, in einer typischen Studentenbude. Wir teilten unser Essen. Ich konnte ausreichend Brotmarken beisteuern aber die anderen Markenzuteilungen verbrauchten wir nach einem „Monatsspeiseplan": In der ersten Woche gab es Brot und genügend Wurstaufstrich, in der zweiten Woche Brot mit Butter, in der dritten Woche nur noch wenig Butter aber reichlich Zucker aufs Brot und in der vierten Woche Marmeladenbrot mit der täglichen Erwartung, der neue Monat mit viel Wurst möge bald wieder anbrechen! Es tat unserem Wohlbefinden gut, dass wir jeden Monat wenigstens eine gewisse Zeit hatten, in der wir uns genussvoll satt essen konnten.

Wenn auch das geringere Essen schlank erhielt – was ja angeblich gesund wäre – konnte aber in dieser Studentenzeit von „gesund leben" keine Rede sein. Wir rauchten alle wie die Schlote. Bei mir begann das schon als Abiturient, als ich 18 Jahre alt wurde. Ab diesem Alter bekam man so genannte Raucherkarten, also eine bestimmte monatliche Zuteilung für wahlweise Zigarren, Zigaretten oder Pfeifentabak. Wir meinten, damit die unabdingbare offizielle Legitimation für den Verbrauch dieser Tabakwaren zu erhalten und handelten entsprechend. Einige Mitstudenten wollten damals herausgefunden haben, dass man das Rauchbedürfnis am günstigsten mit „selbstgedrehten Zigaretten" befriedigen kann. So saßen wir in mancher Vorlesung und drehten eifrig Zigaretten, anstelle mitzuschreiben, um in den Pausen genügend Vorrat an Klimmstängeln zu haben.

Schon in der SBZ (Sowjetische Besatzungszone), einige Zeit vor der Gründung der DDR, entstanden die ersten „HO – Läden", in denen es ohne Marken zu hohen Preisen bestimmte ausgewählte Lebensmittel gab; das wurden für uns Jugendliche Genussmittel. Ich wollte sehr gern mal richtig viel Butter auf eine Schnitte schmieren und kaufte mir deshalb ein einziges Mal 1949 ein Stück Butter, als der Preis pro Kilo von bisher 70 auf 40 DM – Ost herabgesetzt worden war. Ich erhielt damals als Schüler von meinen Eltern wöchentlich 10.- Mark

Taschengeld, die ich für diesen Luxus ausgab. Meine Freundin erwarb zusammen mit 2 Schulkameradinnen ein „Schweinsohr", (ein Konditorgebäck) das 5 Mark kostete. Trotz starken Appetits verkniff ich mir den Kauf einer 100 g Bockwurst für ebenfalls fünf Mark. So setzten uns schon unsere finanziellen Möglichkeiten die Grenzen für ein fülligeres Essen.

Dann wurden 1958 auch in der DDR die Lebensmittelmarken und damit auch die Rationierung abgeschafft – lediglich Briketts gab es noch verbilligt auf Marken, man konnte aber zu einem höheren Preis zusätzlich Brennmaterialien kaufen. Ab dieser Zeit wurden für alle so genannten Grundnahrungsmittel „Festpreise", die etwas höher waren als die bisherigen Preise für die Lebensmittel auf Marken, festgelegt. Diese einheitlichen Preise hielten sich dann bis zum Ende der DDR – mit Ausnahme der „Delikatwaren", die zu höheren Preisen in speziellen Läden, die im Volksmund UWUBU (Ulbrichts Wucherbuden) hießen, verkauft wurden.

Also, ab 1958 konnte auch in der DDR in der Ernährung ein „Prasserleben" beginnen, das sich tatsächlich teilweise auch vollzog. Weil technische Artikel sehr teuer waren und lange Wartezeiten bestanden, wurde in den Familien das meiste Geld für Lebensmittel, die relativ billig und frei von Preissteigerungen waren, ausgegeben. Die Folge, der auch ich nicht entkam: „Wir wurden fast alle zu dick!" Zwar nicht allein deswegen erhielt ich Mitte der 1960ziger Jahre eine Kneippkur verordnet, bei der ich 8 Tage „streng total" fasten musste. Damals freiwillig, noch wenig verbreitet, sind heute unterschiedlichste Fastenkuren zu einem Kult geworden. Ich muss bei diesen Prozeduren immer an den verfilmten Roman „Die Abenteuer des braven Soldaten Schwejk" denken. Die Szenen, in denen Schwejk zusammen mit Kameraden im Lazarett fasten musste, damit sollte aufgedeckt werden, dass sie ihre Krankheiten simulieren, zeigen sehr humorvoll solch angeordnete Hunger- oder Fastenkuren. Die Kaiserin bringt den Soldaten viel gutes, reichliches Essen, das diese gierig verschlingen. Sie ist kaum gegangen, da wird den armen Schluckern mit Einläufen der Magen und Darm wieder leer gemacht. Dazu stellte ich mir immer die Frage, auf die ich nie eine richtige Antwort finden konnte: „Warum lebt man gut und isst genussvoll, wenn man weiß, es ist ungesund und man muss doch oft alles durch Fasten qualvoll wieder aus seinen Körper entfernen?

Vor mehr als 70 Jahren fragte ich – damals Kind - meinen Großvater, von dem ich oft den Spruch hörte „essen und trinken erhält Leib und Seele": „Dass ich mit den Mund essen kann und damit meinen Körper erhalte ist mir klar, aber warum muss die Seele, die man doch gar nicht sieht, auch essen und trinken?" Ich brachte ihn in Erklärungsnot, aber er versuchte, alles mit Weisheiten aus der Bibel, in der er häufig las, zu erklären. So hörte ich von ihm, dass unser Körper erst durch die Seele lebt und so lange wir leben, müssten wir den Körper gut und richtig versorgen, damit es auch der Seele gut gehe. Das war für mich ein wenig zu kompliziert und ich fragte nur nach: „Also muss unsere Seele auch essen?"

Seine Antwort: „Was man mit Verstand und Appetit isst, bekommt einem immer am Besten – esse nie im Übermaß und denke dabei auch an die, die hungern müssen."

Warum diese Einleitung mit der Darstellung des Gespräches mit meinem Großvater? Er war ein sehr sparsamer, bescheiden lebender Mensch, dessen Lebensgewohnheiten ich als Jugendlicher und im Mannesalter kritisch sah, aber jetzt im Alter zum Teil verstehe und deshalb in dieser Kurzgeschichte mit verarbeite. Er starb 1945 im Alter von 82 Jahren. Damals betrug die durchschnittliche Lebenserwartung für Männer in Deutschland (ohne Berücksichtigung der Kriegstoten) rund 60 Jahre. In der Familie hieß es immer, er hätte in seinem Leben nie einen Arzt konsultiert, sondern alle Krankheiten, von denen er auch nicht ganz verschont blieb, mit Hausmitteln behandelt. Was war aber das Besondere an seinem „gesund leben und essen"? das ich lediglich als Erlebnisbericht und nicht als „Erfahrungsübermittlung" betrachtet wissen will.

Er hat grundsätzlich nur Ziegenmilch, frisch, möglichst sofort nach dem Melken, getrunken. Er behauptete, diese sei für Menschen bekömmlicher als Kuhmilch, in ihrer Zusammensetzung wertvoller und weniger gefährlich hinsichtlich Krankheitsübertragung. Mit letzterem hatte er empirisch Recht, weil sich damals viele Menschen durch an Eutertuberkulose erkrankter Kühe mit der gefährlichen Tuberkulose ansteckten.

Zum gesunden Leben gehört Bewegung, so hörte ich von meinem Großvater den Spruch: „Müßiggang ist aller Laster Anfang." Er handelte danach, ich habe ihn selbst im hohen Alter fast nie ohne eine Arbeit oder Beschäftigung gesehen. Männer, die rauchten, viel Schnaps und Bier tranken und einen dicken Bauch hatten, bezeichnete er als „Nichtsnutze". Er sagte auch: „Dicke Bäuche, leere Köpfe." Da hatte er nicht immer Recht.

In seinem Speiseplan gab es fast nur Erzeugnisse aus seiner eigenen landwirtschaftlichen Produktion, in der er außer Kalk und Kali keine anderen chemischen Düngemittel oder gar Unkraut- oder Schädlingsbekämpfungsmittel einsetzte. Man würde ihn heute als echten Biobauern bezeichnen.

Ich will es bei diesen Beispielen belassen und bekenne, dass ich in meinem späteren Leben diesen Lebensstil und die Auffassungen meines Großvaters nicht nachahmen wollte oder vielleicht auch nicht konnte. Bis zum Alter von etwa 30 Jahren war ich 1,78 m groß und wog weniger als 80 kg, ein Gewicht, das ab diesem Zeitpunkt kontinuierlich anstieg. Ebenso vermehrte sich mein Bauchumfang. Mit Ende 40 hatte ich dann 84 kg erreicht und zählte zu den Korpulenten, obwohl ich mir nicht als Nichtsnutz vorkam. Warum also meine Gewichtszunahme, die meinem ersten Enkel sogar sehr gefiel? Er war bei uns zu Besuch, war 4 Jahre alt, saß auf meinem Schoß und sagte: „Opa, ich will später auch einmal so einen dicken Bauch haben wie Du. Du hast bestimmt viel Wurst gegessen!" Er blieb bis heute schlank und ist sehr sportlich, also habe ich ihm die Korpulenz nicht vererbt.

Da denke ich gleich an meine erste Ausrede für die Ursache meiner ehemaligen Beleibtheit. Mein Vater hatte bis zu seinem Lebensende einen dicken Bauch, er hat gern, viel und fett gegessen, war aber trotzdem sehr beweglich. Mein Leibesumfang, so meinte ich deshalb, könnte durchaus erblich bedingt sein. Das war es aber nicht, denn nachdem ich Rentner wurde und regelmäßig und bewusster essen konnte, erreichte ich das so genannte Normalgewicht: Körpergröße in cm gleich Gewicht in kg; eine einfache Regel, die für mich das Bestimmende bleibt.

Ich denke, ich bin der lebende Beweis für den Spruch: „Selber essen macht dick!" Was sogar im weitesten Sinne berufsbedingt war. Ich war ab Anfang der 1970er Jahre Mitglied in Gutachterausschüssen für die Qualitätskontrolle bei Fleisch- und Wursterzeugnissen in meinem Betrieb im Bezirk Erfurt und zentral beim ASMW (Amt für Standardisierung, Messwesen und Warenprüfung) beim Ministerrat der DDR. Solch lange Bezeichnungen für Institutionen gehörten zum Markenzeichen dieses Staates.

Als Gutachter habe ich im Durchschnitt wöchentlich mehr als 150 Fleisch- und Wurstproben verkosten müssen. Eigentlich war man nicht in jedem Falle gezwungen die Proben auch abzuschlucken, aber ich tat es, weil ich außerdem meinte, sonst nicht vollständig beurteilen zu können. Im Übrigen habe ich trotz der aufgenommenen Wurst- und Fleischmengen auch die üblichen Mahlzeiten nicht ausgelassen, weil ich auch Abwechslung brauchte. Verständlich, dass ich mehr als zuträglich gegessen habe und dick werden musste.

Auch in der DDR wurde „gesunde Ernährung" propagiert. Wie mit jeder Werbung wurden auch damit oft nicht nur hehre Zwecke verfolgt, sondern auch versucht, Engpässe zu kaschieren oder bestimmte wirtschaftliche Ziele zu erreichen. Ich erinnere mich, dass es in Zeiten, in denen es viele Hühnereier gab, geworben wurde: „Nimm und iss ein Ei mehr." In Zeiten der Knappheit mussten die zu hohen Cholesterinwerte, die durch hohen Eierverzehr gefördert werden, herhalten, um den Eierkonsum zu reduzieren. Ähnliches gab es für Fett,

Fleisch, Eiweiß, Fisch, verschiedene Obst- und Gemüsesorten und Südfrüchte. So hatte man sich sogar einmal einfallen lassen, nachzuweisen, dass Bananen ungesund seien. Die Bevölkerung erzählte auch den Witz: „ In allen Großstädten werden Automaten aufgestellt, in die man eine Banane hinein gibt und es kommen 2 Mark heraus!"

In der DDR konnten sich immer alle satt essen, für die Grundnahrungsmittel war gesorgt. Vegetariern fiel es allerdings schwerer als heute, nach ihren Prinzipien zu essen, weil sie weniger Auswahl für ihren Speiseplan hatten. Ich weiß aber, dass es auch hier unterstützende Bestrebungen gab. So wurde von der Lebensmittelindustrie ein aus Soja bestehendes Schweineschnitzel entwickelt. Ich war an der Verkostung einiger dieser Probeerzeugnisse beteiligt und erinnere mich, dass damals etwa 70 % der Gutachter das pflanzliche Produkt nicht als solches erkannten. Nicht gelungen war es damals, vor allem die Fleischfasern, wie wir sie beim Schweinefleisch kennen, nachzumachen; damit fehlten bestimmte typische „Bisseigenschaften".

Zum Schluss muss ich bekennen, dass ich etwa ab meinen 25. Lebensjahr, täglich einen halben Liter Bier zum Abendbrot trank. Ich war deshalb in meinen Augen kein Alkoholiker aber es trug zu meiner Körperfülle bei. Für den damit aufgenommenen Alkohol fand ich die Begründung: Das ist gut für die Anregung meines Kreislaufes.